AF315403

VENTE
Du Mercredi 26 Avril 1911

HOTEL DROUOT, SALLE N° 6

A DEUX HEURES

VENTE

POUR CAUSE DE DÉPART

Beaux Meubles de Style

ET QUELQUES ANCIENS

SALON EN TAPISSERIE D'AUBUSSON

OBJETS D'ART, ARGENTERIE

TABLEAUX

COMMISSAIRE-PRISEUR

M⁼ ANDRÉ COUTURIER

EXPERT

M. GEORGES GUILLAUME

CATALOGUE

D'UN

ÉLÉGANT MOBILIER DE STYLE

Et de quelques Meubles Anciens

CHAMBRE A COUCHER LOUIS XVI, SALLE A MANGER ART ANGLAIS,
COMMODES, BUREAUX, VITRINES, CONSOLES, TABLES, ETC.

PIANO-CRAPAUD DE PLEYEL

SALON EN TAPISSERIE D'AUBUSSON — SIÈGES VARIÉS

Bronzes d'Art, Lustres, Glaces

PORCELAINE — CÉRAMIQUE — OBJETS DE VITRINE

ARGENTERIE ET PLAQUÉ

TABLEAUX

Par DEFAUX, TROUILLEBERT & AUTRES

DESSINS ET GRAVURES

TENTURES — TAPIS — TAPISSERIES — OBJETS DIVERS

Appartenant à Mme X...

ET DONT LA VENTE AUX ENCHÈRES PUBLIQUES, POUR CAUSE DE DÉPART
AURA LIEU A PARIS

HOTEL DROUOT, SALLE N° 6

LE MERCREDI 26 AVRIL 1911

à deux heures

COMMISSAIRE-PRISEUR	EXPERT
M° ANDRÉ COUTURIER	M. GEORGES GUILLAUME
Successeur de M. Léon TUAL	13, rue d'Aumale
56, rue de la Victoire	PARIS

EXPOSITION PUBLIQUE

Le Mardi 25 Avril 1911, de 1 heure 1/2 à 5 heures 1/2

CONDITIONS DE LA VENTE

Elle sera faite au comptant.

Les adjudicataires paieront *dix pour cent* en sus des enchères.

L'exposition mettant le public à même de se rendre compte de l'état et de la nature des objets, aucune réclamation ne sera admise une fois l'adjudication prononcée.

Paris — Imp. de l'Art. Ch. Berger, 41, rue de la Victoire.

DÉSIGNATION

TABLEAUX
DESSINS, GRAVURES, VOLUMES

1 — BERNOUD. Nudité. Dessin à la sanguine.

2 — DEFAUX (A.). La Basse-cour du presbytère. Signé à droite en bas.

3 — DICK. Femme à sa toilette. Aquarelle.

4 — FAULT (1856). Le Départ pour la chasse. — La Partie de pêche. Deux toiles peintes se faisant pendant. Cadres-médaillons dorés.

5 — GUILLAUME (A.) Un Magistrat. Petit dessin rehaussé.

6 — HELLEU. Tête de femme. Pointe sèche.

7 — TROUILLEBERT. Maisons dans la vallée. Signé à droite en bas.

8 — WILLETTE (A.). Pierrot et Colombine. Épreuve signée.

9 — ÉCOLE FRANÇAISE DU XVIIᵉ SIÈCLE. Portrait d'homme à perruque. Cadre-médaillon doré.

10 — ÉCOLE FRANÇAISE (commencement du XIXᵉ siècle). Jeunes filles dans un parc.

11 — La Conviction. La Défaite. Deux gravures en noir se faisant pendant, d'après SCHALL, par MARCHAND.

12 — L'Indiscret. La Pantoufle. Deux gravures en noir.

13 — L'Intention méconnue. Le Galant mal venu. Deux lithographies en couleurs se faisant pendant.

14 — Le Coucher de la mariée. Lithographie rehaussée.

15 — Suite de quatre gravures anglaises, en couleurs, à sujets de chasse à courre. Cadres acajou.

16 — Album de SEM. Croquis parisiens.

17 — Deux partitions : *Boccace* et la *Belle Hélène*.

18 à 20 — Lot de volumes divers : Littérature et romans modernes. (Sera divisé.)

PORCELAINE, BISCUIT
CÉRAMIQUE

21 — Vase en porcelaine de Sèvres, à guirlande et têtes de béliers.

22 — Petite verseuse, même porcelaine, à fleurs.

23 — Petit service en porcelaine de Paris à fleurs et dorures, comprenant une théière, un pot à lait, une tasse et deux soucoupes.

24 — Flacon en porcelaine d'Allemagne à fleurs; bouchon en argent ciselé.

25 — Théière en porcelaine indo-chinoise.

26 — Quatre petits flacons et une bonbonnière en porcelaine de Satzuma.

27 — Deux vasques en porcelaine, à décors bleus.

28 — Trois statuettes de mandarins chinois en porcelaine décorée.

29 — Cache-pot en ancienne faïence polychrome de Rouen à lambrequins.

30 — Grand vase à anse en céramique jaune.

31 — Deux vases en grès émaillé de la Chine.

32 — Paire de vases couverts en biscuit, orné de
guirlandes et jeux d'amours; monture en
bronze ciselé et doré à couronne et têtes de
béliers. Style Louis XVI.

33 — Paire de petits vases couverts en biscuit, à
guirlandes et mascarons; monture en bronze.
Style Louis XVI.

34 — Deux petits bustes en biscuit se faisant
pendant : François Ier et Louise de Lorraine.

35 — Paire de candélabres, formés de groupes de
femmes en biscuit, supportant un bouquet de
cinq lumières en bronze ciselé; bases circu-
laires en bronze. Style Louis XVI.

36 — Flambeau en biscuit et bronze, à statuette
de Diane ; préparé pour l'électricité.

37 — Porte-fleurs en biscuit, imitation de Wedg-
wood.

38 — Groupe en terre cuite : Faune et nymphe ;
signé : *A. Carrier-Belleuse.*

ARGENT, MÉTAL

39 — Garniture de toilette de quatorze pièces, garnies d'argent et comprenant : flacons, boîtes, miroir et brosses. Style Louis XVI.

40 — Autre garniture du même genre, comprenant dix-huit pièces garnies d'argent ciselé à fleurs et draperies.

41 — Cuvette et son pot à eau en argent ciselé à cannelures et draperies.

42 — Glace à cadre d'argent ciselé.

43 — Deux vaporisateurs en cristal, à monture d'argent.

44 — Sac de voyage renfermant six pièces en argent ou garnies d'argent.

45 — Jardinière ovale en argent ciselé et ajouré.

46 — Deux plats longs et trois **creux**, en argent, de différentes grandeurs : bords mouvementés à moulures.

47 — Plat rond en argent ciselé ; bords à feuillage.

48 — Plat creux carré en argent, à bords con-
tournés et filetés.

49 — Coupe en argent à rocailles.

5o — Deux petits plateaux rectangulaires en argent ; bords à feuillage.

5 1 — Quatre assiettes à gâteaux en argent ciselé
à rocailles et motifs rayonnants.

5 2 — Chocolatière en argent ciselé à rinceaux ;
bouton à pomme de pin.

53 — Théière et sucrier en argent uni ; boutons
en bois.

54 — Petit service en argent ciselé et gravé à
filets, comprenant : Théière, cafetière, sucrier, pot à lait et plateau ; couvercles à
pomme de pin.

55 — Service en argent ciselé à rocailles et cannelures obliques, comprenant : Théière,
cafetière, verseuse, pot à lait, sucrier et plateau.

56 — Service de table en argent ciselé, de style
Louis XV, dans son écrin, et comprenant :
douze cuillers à soupe et dix-huit four-

chettes, douze couverts à entremets, douze cuillers à café, douze fourchettes à huîtres, douze pelles à glace, une cuiller à ragout, une cuiller à sauce, une pince à asperges, une louche, deux pièces de service à glace et trois autres à poisson. L'écrin renferme en outre un lot de pièces à manches d'ivoire : onze grands couteaux, onze petits à lames en métal, douze petits à lames en argent, un casse-noix, un service à découper et un manche à gigot.

57 — Douze fourchettes à huîtres en argent.

58 — Cuiller à sauce en argent, dans son écrin.

59 — Quatre carafons en cristal gravé; monture en vermeil.

60 — Deux tasses et leurs soucoupes en argent repoussé.

61 — Six coquetiers en argent ciselé.

62 — Deux petites salières et une pince à sucre en argent.

63 — Soucoupe en argent ciselé, de Boin-Taburet.

64 — Bol en argent ciselé, bords à coquilles.

65 — Bonbonnière en cristal, à couvercle d'argent.

66 — Deux petits porte-fleurs en argent ciselé et repoussé.

67 — Petit panier en cristal, à double couvercle d'argent imitant la vannerie.

68 — Grand plateau à anses en métal ciselé.

69 — Corbeille à pain et sa brosse en métal repoussé.

70 — Seau-rafraîchissoir en cristal et métal blanc, à trois compartiments.

71 — Deux petits cache-pots en métal.

72 — Compotier en cristal et métal anglais.

73 — Plateau à hors-d'œuvre en cristal et métal.

74 — Six petits plats à beurre en métal blanc.

75 — Aiguière en cristal et métal argenté.

76 — Réchaud en plaqué.

77 — Seau à biscuit en cristal et métal argenté.

OBJETS DE VITRINE
GLACES ET DIVERS

78 — Petit coffret en argent ciselé et repoussé, à bas-relief d'amours, et surmonté d'une figurine de femme étendue.

79 — Petite bonbonnière circulaire en argent émaillé.

80 — Bonbonnière ovale en argent ciselé, ornée d'attributs et portant au couvercle un groupe d'amours au coq.

81 — Timbale à vin en argent ciselé, présentant au fond l'effigie de Louis XIV.

82 — Étui à cigarettes en argent gravé à rinceaux de feuillage.

83 — Petit nécessaire en argent ciselé, dans son écrin, et renfermant trois flacons à sels. Style Louis XVI.

84 — Petit flacon à sels en cristal ; monture en argent doré et ciselé, ornée de pierres.

85 — Montre à double boîtier en or de couleur ciselé et ornée d'un émail. Travail de Genève, XVIIIe siècle.

86 — Deux boucles de ceinture, ornées de strass.

87-88 — Lot de petits meubles et ustensiles divers en argent ciselé : tables, chaises, traîneau, chaise à porteurs, arrosoir, soufflet, etc. (Sera divisé.)

89 — Ancienne lorgnette, ornée de plaquettes de nacre.

90-91 — Lot de miniatures. (Sera divisé.)

92 — Éventail à monture d'ivoire ajourée et décorée ; feuille en soie brodée d'attributs et décoré d'un sujet au ballon.

93-94 — Cinq éventails variés à montures en bois, ivoire, nacre et écaille. (Seront divisés.)

95 — Coupon de dentelle, ancien point de Venise.

96 — Verseuse et petit pichet en étain.

97 — Pichet en étain artistique, décoré d'un haut-relief : la Ronde. Signé : *J. Garnier*.

98 — Deux groupes de personnages chinois en ivoire sculpté.

99 — Statuette de bûcheron chinois en bois sculpté.

100 — Groupe en bois sculpté : la Vierge et l'Enfant. XVe siècle.

101 — Grand vase-cornet en cristal.

102 — Trois porte-bouquets en cristal.

103 — Statuette en marbre blanc de Vénus accroupie.

104 — Deux petites lampes en nickel, préparés pour l'électricité.

105 — Glace en bois laqué gris à guirlandes, surmontée d'une gravure d'amour en médaillon. Style Louis XVI.

106 — Trumeau de glace en bois sculpté et peint gris, présentant au fronton les attributs de la Musique.

107 — Trumeau de glace surmonté d'une peinture : la Curée ; deux autres plus petits ornés de pastorales.

BRONZES, CUIVRES
LUSTRES

108 — Statuette en bronze : l'Écolier, par Marcel Debut.

109 — Renard en bronze, par Mène.

110 — Statuette en bronze : la Vague, par Villanis.

111 — Jeanne d'Arc écoutant les voix; statuette en bronze patiné et doré, par Raoul Larche.

112 — Statuette de femme en bronze patiné, formant lampe et signée : *Jalasio;* préparée pour l'électricité.

113 — Lustre, à quatre tulipes renversées, en bronze ciselé et doré à rocailles; préparé pour l'électricité.

114 — Lustre et trois appliques en fer forgé; préparés pour l'électricité.

115-116 — Deux plafonniers en bronze doré et patiné à amours et carquois; préparés pour l'électricité.

117 — Plafonnier en bronze et cristaux, à couronnes et enfilage de perles. Style Louis XVI; préparés pour l'électricité.

118 — Autre plus petit, de même style, à guirlandes ; préparé pour l'électricité.

119 — Paire de candélabres en bronze argenté,
munis de quatre lumières , modèle à rocailles
et feuillage. Style Louis XV.

120 — Pendulette en bronze ciselé et doré à
colonnes. Époque Empire.

121 — Coffret en bronze ciselé, à rinceaux et
fleurs.

122 — Cache-pot à trois pieds en bronze décoré
de la Chine.

123 — Porte-fleurs en bronze ciselé, décoré de
fleurs et d'oiseaux. Signé : *F. Debon.*

124 — Galerie de foyer en bronze ciselé et ajouré,
à rocailles. Style Louis XV.

125 — Porte-pelles garni en bronze ciselé.

126 — Bouilloire, jatte et coquemar en cuivre.

127 — Écran de foyer en cuivre ciselé, à mas-
caron.

128 — Horloge-cartel, formée d'une casserole en
cuivre rouge ; cadran en acier gravé.

129 — Beurrier en cristal, à monture de cuivre
rouge.

MEUBLES ET SIÈGES
TENTURES, TAPIS, TAPISSERIES

13o — Ameublement de salle à manger en acajou, art anglais, comprenant un buffet à deux
corps, vitré dans le haut, une déserte et un
argentier à étagères, une table à trois allonges
et dix chaises couvertes de cuir fauve.

131 — Ameublement de cabinet de toilette en
bois sculpté et incrusté, de style chinois,
comprenant : Un grand lavabo surmonté
d'une glace, un grand coffre de cheminée
surmonté d'une glace et muni d'étagères, une
vitrine à crédences, une table coiffeuse de
forme rognon avec glace-croissant, une table
liseuse, une porte foncée de glace, deux
chaises couvertes de soie brodée et deux
étagères d'appliques. (Sera divisé.)

132 — Lit de milieu en bois sculpté et laqué
gris à fond de canne, flanqué de colonnes
cannelées à flammes et présentant sur les
panneaux des carquois, couronnes, rubans et
les attributs de la musique. Style Louis XVI.

132 *bis* — Ciel de lit assorti en forme de Dôme.

132 *ter* — Grande armoire assortie, avec glace centrale et deux portes grillagées.

133 — Commode demi-lune en bois de rose marqueté de bois de violette, munie de trois tiroirs et flanquée de portes ; elle est ornée d'entrées de serrure et de poignées à anneaux en bronze ciselé et couverte d'un marbre Sainte-Anne. Époque Louis XVI.

134 — Petite commode en bois de placage marqueté, ornée d'entrées de serrure, poignées et chutes en bronze et couverte d'un marbre Sainte-Anne. Époque Louis XVI.

135 — Bureau à dos d'âne en bois de violette orné de bronzes et posant sur pieds cambrés. Époque Louis XV.

136 — Vitrine en hauteur en acajou ciré, ornée de bronzes ciselés et dorés, tels que vases, bas-reliefs à guirlandes, entrelacs et rosaces ; la partie inférieure en marqueterie de cubes forme crédence à colonnettes. Style Louis XVI.

137 — Petite console en bois laqué gris à entrejambe cannée et couverte d'un marbre blanc. Style Louis XVI.

138 — Table-coiffeuse de forme oblongue en bois laqué gris, à fond de canne, munie d'étagères et d'un miroir en médaillon. Style Louis XVI.

139 — Table à thé de forme ovale en acajou marqueté de bois clair. *Maison Maple.*

140 — Petit guéridon formé d'une tige centrale à trépied et de trois étagères en marqueterie de bois à galeries de cuivre. Style Louis XVI.

141 — Petite table en marqueterie de bois de placage, munie de trois tiroirs et couverte d'un marbre gris. Style Louis XVI.

142 — Petite table à liqueurs de style Louis XV en marqueterie à losanges, ceinturée d'une galerie en bronze et posant sur pieds cambrés à entrejambes; elle est munie d'un surtout à fond de glace, de trois petits seaux rafraîchissoirs en argent et de dix soucoupes également en argent destinés aux carafes et aux gobelets de cristal à dorures. *Maison Boin-Taburet.*

143 — Petite table en bois de placage, munie de huit petits tiroirs et couverte d'un marbre blanc. Style Louis XVI.

144 — Petite table ronde à deux tiroirs couverte d'un marbre blanc à galerie et posant sur trois pieds cambrés. Style Louis XVI.

145 — Guéridon rond en marqueterie de bois à quadrillages et enroulement de ruban, orné de bronzes. posant sur pieds cambrés et muni d'une corbeille d'entrejambe. Style Louis XVI.

146 — Guéridon ovale en bois doré, posant sur pieds à cannelures et entrejambe, et couvert d'un marbre brèche. Style Louis XVI.

147 — Table de bouillote en bois foncé à filets clairs. *Maison Maple.*

148 — Petite table à ouvrage en acajou à entrejambe, posant sur deux colonnes cerclées de bronze. Époque Empire.

149 — Petite table rectangulaire en bois laqué gris et doré à entrejambe-corbeille et couverte d'un marbre vert veiné. Style Louis XVI.

150 — Piano-crapaud de Fieyel.

151 — Glace à trois faces, formant paravent en bois laqué gris, foncée de canne et ornée de

consoles-vitrines à la partie inférieure ; fronton à peinture en médaillon. Style Louis XVI.

152 — Paravent en bois doré, à trois feuilles recouvertes d'étoffe à rayures et ornées de gravures et de glace. Style Louis XVI.

153 — Petit écran en bois doré à tablette et gravure. Style Louis XVI.

154 — Écran en bois laqué gris, couvert d'étoffe de fantaisie. Style Louis XVI.

155 — Porte-manteau en bois laqué gris.

156 — Lampe de parquet en onyx, bronze ciselé et émail cloisonné. Style Louis XVI.

157 — Ameublement de salon en bois doré, couvert de tapisserie d'Aubusson à paniers fleuris et rinceaux sur fond crème, comprenant un canapé et quatre fauteuils. Style Louis XVI.

158 — Petit canapé en bois sculpté et doré à rang de perles et feuilles d'eau, couvert de soierie brochée à paniers fleuris et couronnes. Style Louis XVI.

159 — Tabouret de pieds en bois doré, couvert de même étoffe. Style Louis XVI.

160 — Petit canapé et deux chaises légères en bois doré à rocailles et foncés de canne. Style Louis XV.

161 — Bergère à oreilles et coussin en bois doré, couverte de soie brochée à fleurs. Style Louis XV.

162 — Bergère à oreilles couverte de satin bleu à capitons. *Maison Krieger.*

163 — Fauteuil de bureau en bois doré foncé de canne. Style Louis XVI.

164 — Chaise légère en bois laqué gris à fond de canne et dossier-lyre. Style Louis XVI.

165 — Deux autres en bois laqué gris et doré, à fond de canne et dossiers à flèches. Style Louis XVI.

166 — Chaise longue en trois parties, comprenant : bergère, siège-marquise et pouf, en bois laqué gris, couverte de soie brochée à fleurs. Style Louis XVI.

167 — Petite chaise-gondole en bois laqué gris, foncé de canne. Style Louis XVI.

168 — Divan couvert de crêpe rose brodé et coussin assorti.

169 — Tabouret de piano en bois noir couvert de velours ciselé.

170 — Portière en ancienne tapisserie, présentant deux personnages sur un fond de paysage vallonné, avec constructions.

171 — Petit panneau en ancienne tapisserie à sujet tiré de l'Histoire sainte.

172 — Paire de rideaux en soie verte à fleurettes.

173 — Deux rideaux et une garniture de lit en taffetas rose.

174 — Lot de tentures en crêpe et soieries brodées.

175 — Deux paire de grands rideaux en dentelles.

176 — Grand coussin et deux petits, couverts d'ancienne soie brochée à fleurs.

177 — Carpette haute laine, à fond crème et bordure rouge.

178 — Fort lot de tapis-moquette à petits quadrillages sur fond rouge.

179 — Tapis de même genre à fond bleu.

180 — Objets omis.

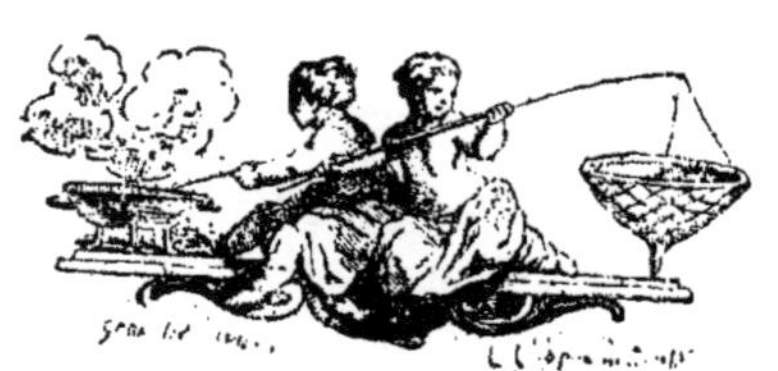

9 782329 505428